손과 이를 깨끗이 닦으면
세균을 없앨 수 있어.

글 정소영

서울에서 태어나 이화여자대학교에서 유아교육을,
연세대학교 대학원에서 아동가족학을 공부했습니다.
유아 전문 출판사 한국프뢰벨 주식회사의
연구팀에서 유아 전집물을 기획했으며,
현재 프리랜서로 동화 작가 일을 하고 있습니다.
그동안 <아기오리의 첫헤엄>, <엄마닭이 꼬꼬댁
꼬꼬꼬> 등 어린이들을 위해 많은 글을 썼습니다.
또한 어린이들을 위해 동화책 번역도 하고 있습니다.

그림 백정석

이탈리아 밀라노 브레라 국립미술원에서 회화를 전공했습니다.
 그동안 <강아지 초코를 찾습니다>, <사고뭉치 찾아요>,
<즐거워, 돼지야 돼지야> 등 여러 책에 그림을 그렸습니다.

감수 박시룡

경희대학교 생물학과를 졸업하고 독일 본대학교에서
동물행동학을 전공하여 박사 학위를 받았습니다.
한국교원대학교 생물교육과 교수, 황새복원연구센터
소장을 지냈습니다.
지은 책으로 <와우! 우리들의 동물친구>, <동물행동학의 이해> 등이 있고,
옮긴 책으로는 <딱새를 속여 번식하는 뻐꾸기>,
<진딧물을 길들이는 붉은개미> 등이 있습니다.
KBS <동물의 세계>, <동물의 왕국>의 감수도 맡고 있습니다.

우리 몸 · 깨끗한 우리 몸 02 *깨끗한 손, 깨끗한 이*

정소영 글 · 백정석 그림 · 박시룡 감수
펴낸곳 (주)아람키즈 | 펴낸이 이소영 | 주소 서울특별시 성동구 성수이로 147 아이에스비즈타워 2F
고객센터 1644-4521 | 팩스 02-468-5548 | 홈페이지 www.aramkids.co.kr | 출판등록 제2020-000011호
기획 · 편집 · 디자인 (주)아람키즈 하늘땅
ISBN 979-11-6543-511-0 979-11-6543-574-5(세트)

깨끗한 손, 깨끗한 이

정소영 글 · 백정석 그림 · 박시룡 감수

아람 키즈

깨끗해 보이는 손,
아무것도 없어.
하지만 정말 그럴까?

6

7

깨끗해 보이는 하얀 손을
자세히 들여다봐.
바글바글* **득시글득시글*** 무언가 잔뜩 있어.

빡빡이 있는 건 바로 나 세균*이야!

세균은 손바닥에 셀 수도 없이 많이 있어요.
한 손에 수만 마리나 있지요.

어디를 만져도
여기저기 숨어 있는
세균을 만지게 돼.
그리고 그 손으로……

세균은 전화기나 문손잡이, 장난감 등 어디에나 있어요.
그래서 이것저것 만질 때마다 세균은 여기저기로 쉽게 옮겨 가지요.

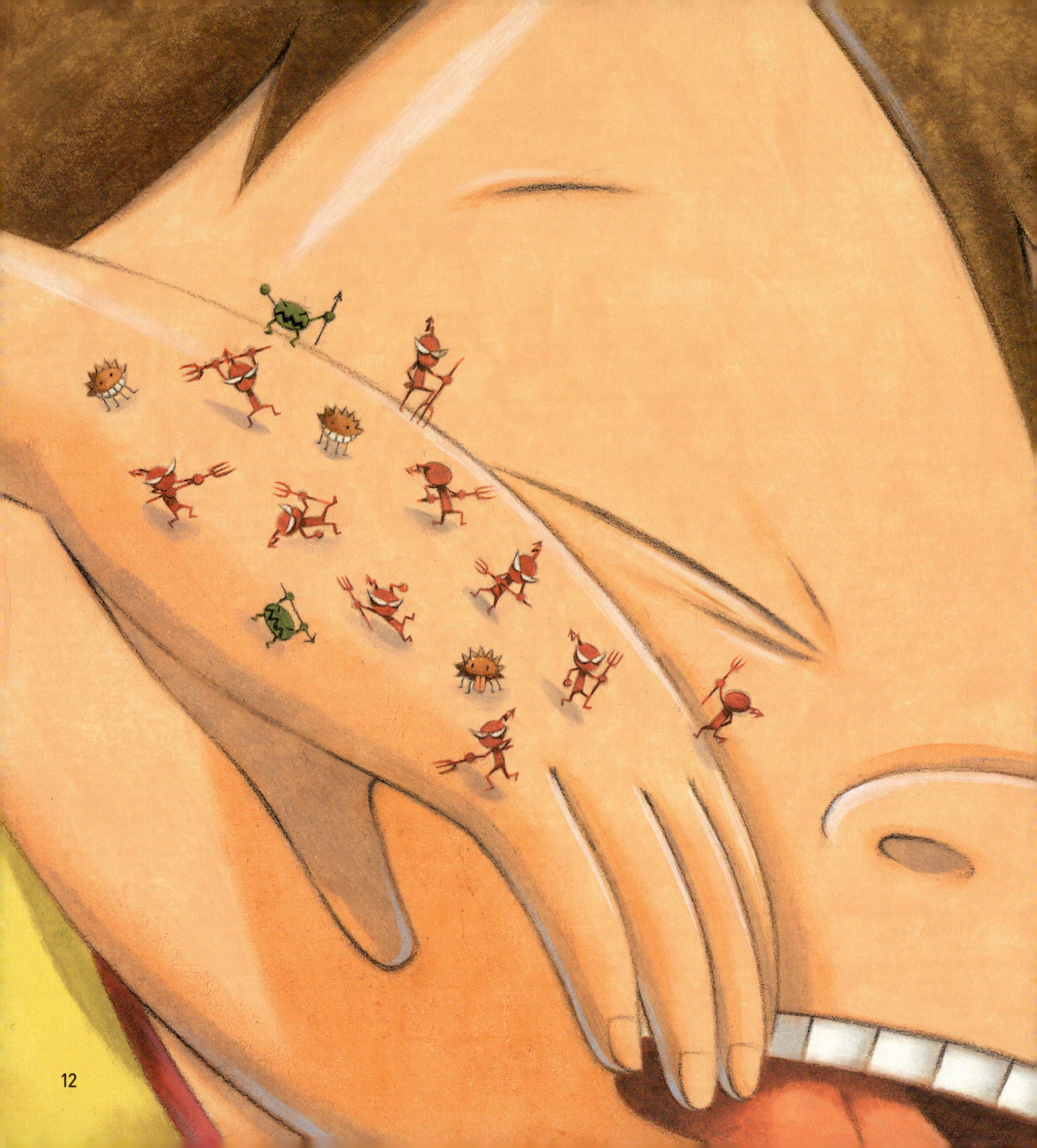

눈을 쓱쓱 비비면
따끔따끔 찔끔찔끔
눈병에 걸리고,

눈병에 걸리면 반짝반짝
예뻤던 눈이 빨갛게 변하고
누런 눈곱이 끼어요.

13

입으로 쪽쪽 빨면
뿌지직뿌지직
설사병에 걸리고,

🚫장염균이 묻은 손을 입에 넣거나,
균에 오염된 음식을 먹으면
식중독이나 장염에 걸릴 수 있어요.

요리조리 코를 후비면
에취 콜록콜록
감기에 걸리고,

감기균은 공기보다 주로 손에 의해서 옮겨져요.
감기를 빨리 치료하지 않으면 중이염, 축농증, 폐렴 등
무서운 병으로 번질 수도 있어요.

그리고 또다시 여기저기 만지면
세균을 점점점점 옮기게 되지.

제대로 씻지 않은 손으로 음식이나 물건을 만지면
다른 사람에게 여러 가지 병을 옮길 수도 있어요.

하하하!

이 아이들 좀 봐!

서로서로 병을 옮기고 있잖아!

손만 깨끗하게 씻어도 여러 가지 전염병을 예방할 수 있어요.

21

깨끗해 보이는 하얀 이,
아무것도 없어.
하지만 정말 그럴까?

깨끗해 보이는 하얀 이를

자세히 들여다봐.

바글바글 득시글득시글 무언가 잔뜩 있어.

🦷입 안에는 이를 썩게 하는 충치균이 있어요.
충치균은 사탕, 초콜릿, 과자, 음료수같이 단 음식을 좋아해요.

25

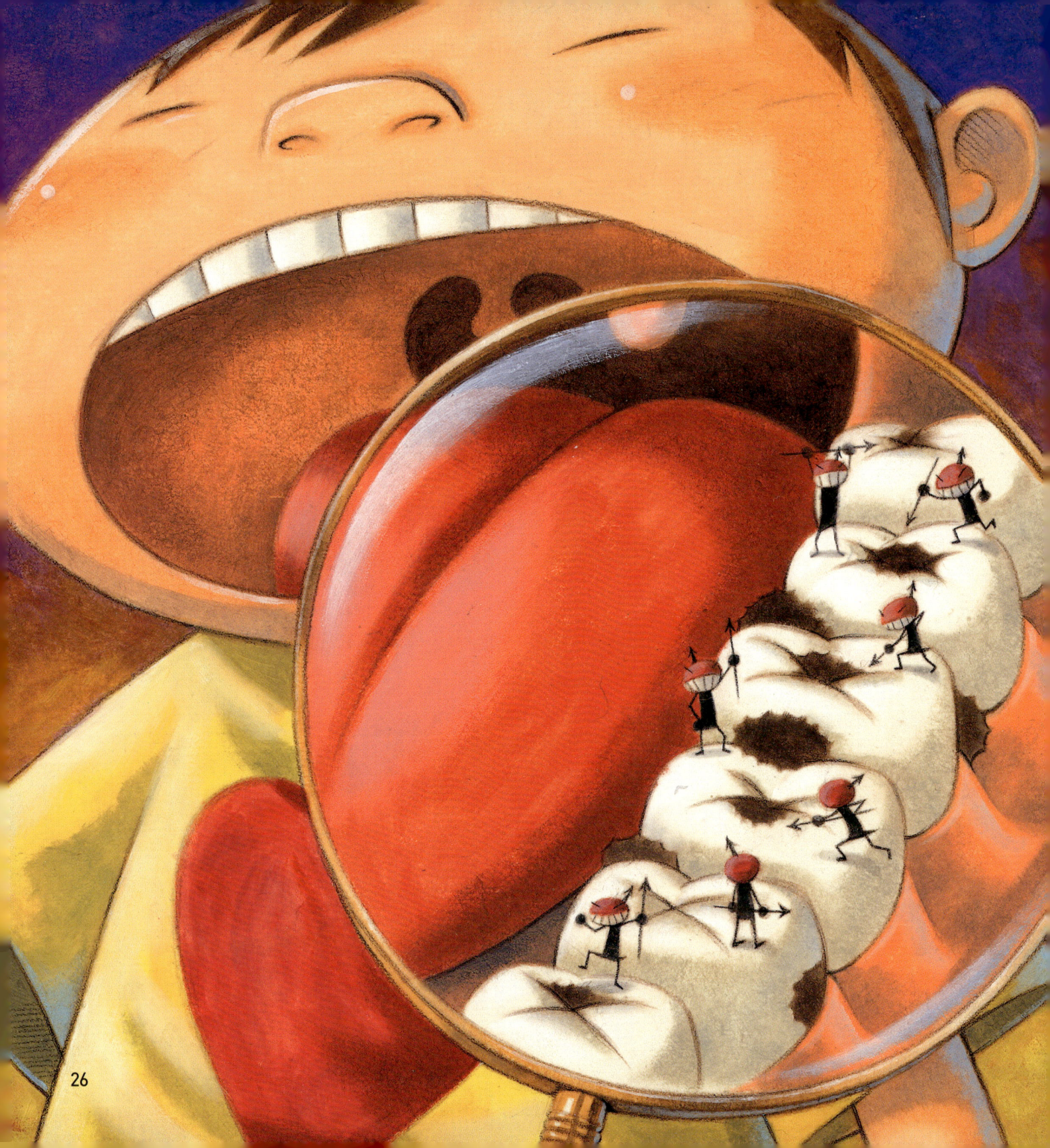

오물오물 맛있게 음식을 먹고
이를 닦지 않으면,
썩어서 시큰시큰 쿡쿡쿡 이가 아파.

음식을 먹고 이를 닦지 않으면
충치균이 30배나 불어나. 충치가 생겨요.

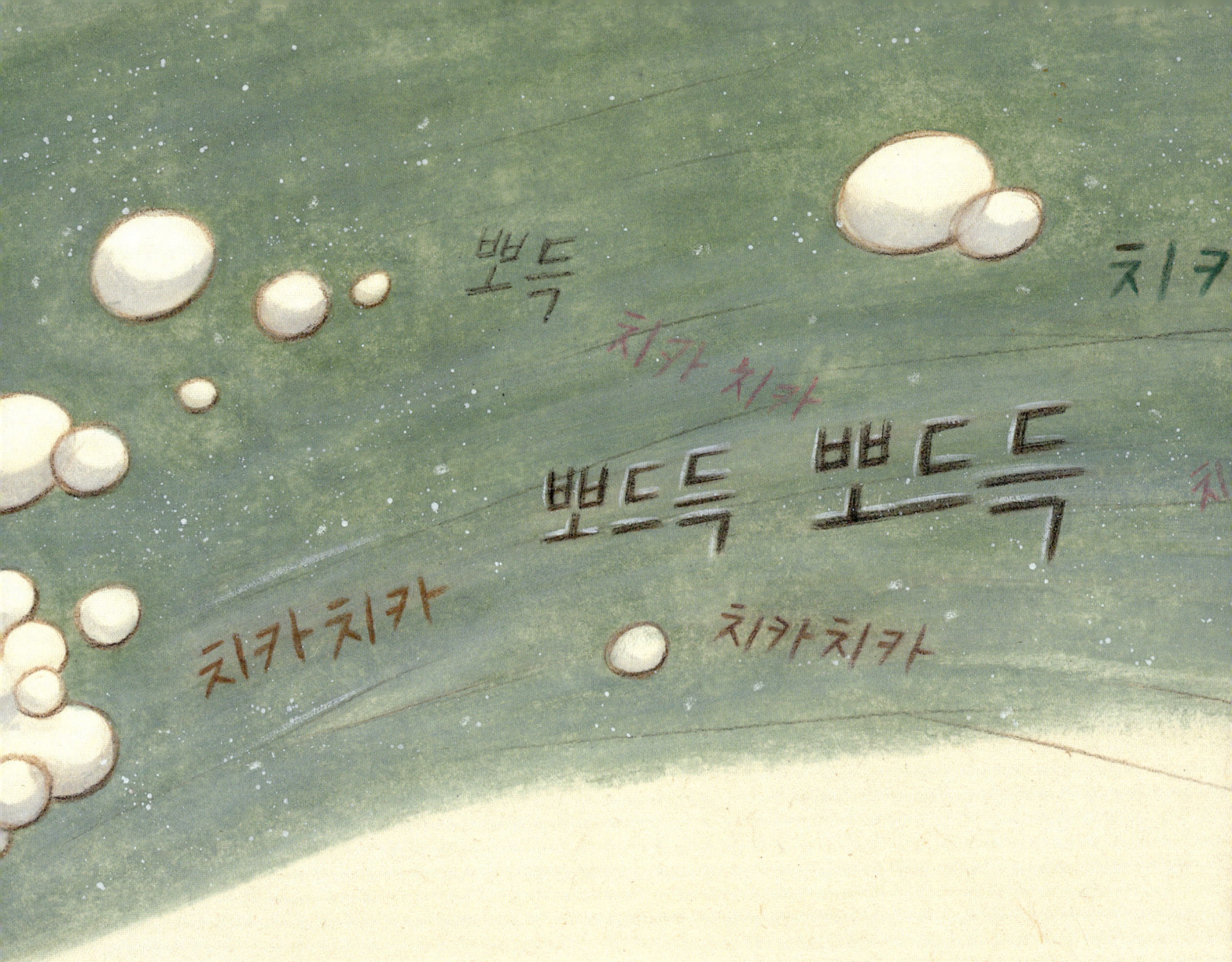

만약 깨끗한 손, 하얀 이를 갖고 싶다면…….

뽀드득 뽀드득

뽀드득 뽀드득

치카치카

뽀

싫어, 듣기 싫어!

뽀드득 뽀드득

치카치카

뽀드득 뽀드득

치카치카

치카치카

29

으악, 무서워!
난 도망갈래.

31

손 씻기

1. 손은 왜 씻어야 할까요?

사람의 손은 해로운 세균을 가장 쉽게 만날 수 있어요. 우리가 걸리는 병도 대부분 손을 통해 옮지요. 그래서 손만 깨끗이 씻어도 병에 걸리지 않을 수 있어요.

2. 어떻게 손을 씻어야 할까요?

음식 먹기 전, 외출했다 돌아왔을 때, 화장실 다녀온 후에는 깨끗이 손을 씻어야 해요.

❶ 손바닥으로 거품을 내요.

❷ 손바닥과 손등을 문질러요.

❸ 깍지 끼고 비벼요.

❹ 엄지손가락을 돌려요.

❺ 손톱을 긁어요.

❻ 흐르는 물에 헹궈요.

이 닦기

1. 이는 왜 닦아야 할까요?

이를 닦지 않으면 입 안의 음식물 찌꺼기와 세균이 만나 충치가
생기게 돼요. 충치가 생기면 치아의 색깔이 변하고,
피가 나고 아프며, 심할 경우 이를 뽑아야 해요.

2. 어떻게 이를 닦아야 할까요?

이는 하루에 3번 이상, 밥 먹고 3분 이내, 한 번에 3분 이상 닦아야
해요.

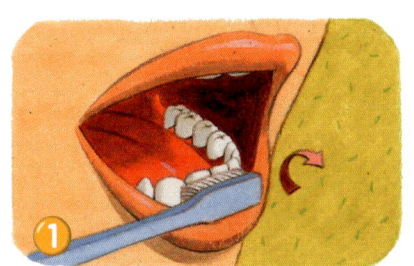

아랫니
아래에서 위로 닦아요.

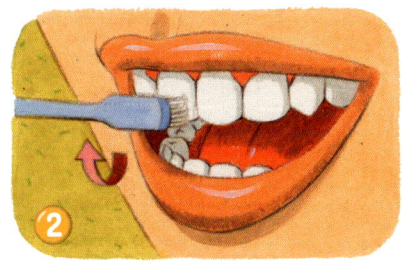

윗니
위에서 아래로 닦아요.

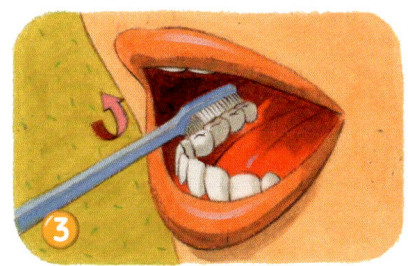

어금니 바깥쪽
칫솔을 돌리며 닦아요.

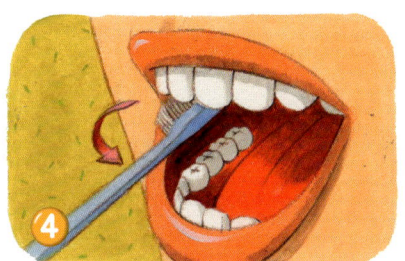

어금니 안쪽
칫솔을 돌리며 닦아요.

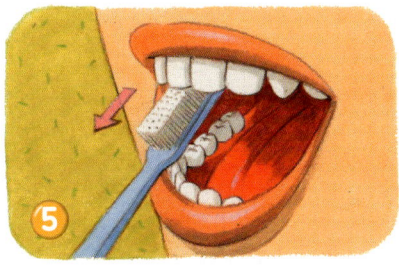

앞니 안쪽
칫솔을 세워서 닦아요.

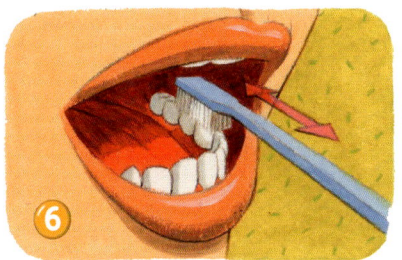

어금니 위쪽
앞뒤로 닦아요.

문제 우리 주변에는 눈에 보이지 않는 세균이 아주 많아요.
다음 중 **세균이 싫어하는 것**은 무엇일까요?

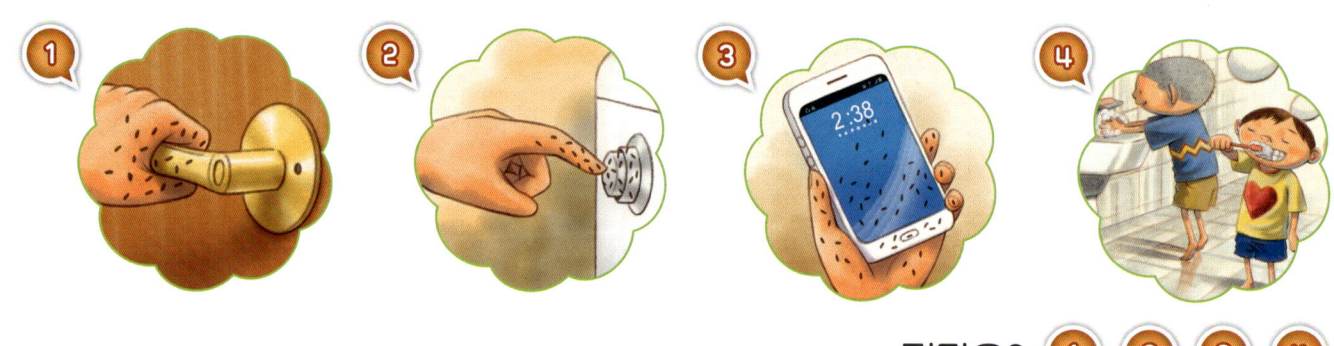

정답은? ① ② ③ ④

문제 세균에 옮으면 몸이 아파 병원에 가야 해요. 다음 중 **틀린 말**을 고르세요.

정답은? ① ② ③ ④